L'euoplocéphalus

Pour le protéger des méchants dinosaures, son corps était recouvert d'une épaisse cuirasse et de 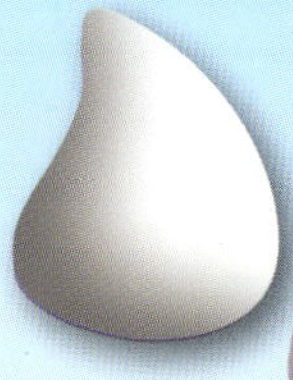 piquants.

Sa queue se terminait par deux grosses 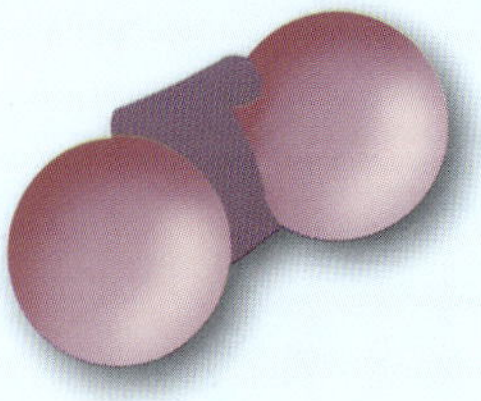 boules qu'il utilisait comme une matraque.

Le brachiosaure

C'était un dinosaure très très long et très grand, avec un long cou et une longue  queue. Ses  pattes étaient très hautes et puissantes, de véritables poteaux.

Le stégosaure

Il avait de grandes plaques 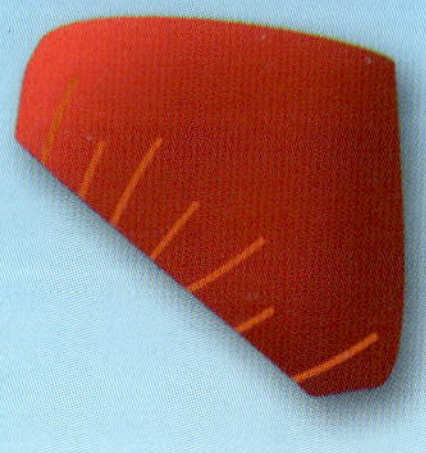 au milieu du dos et au bout de sa queue des  piquants pour se défendre contre ses ennemis.

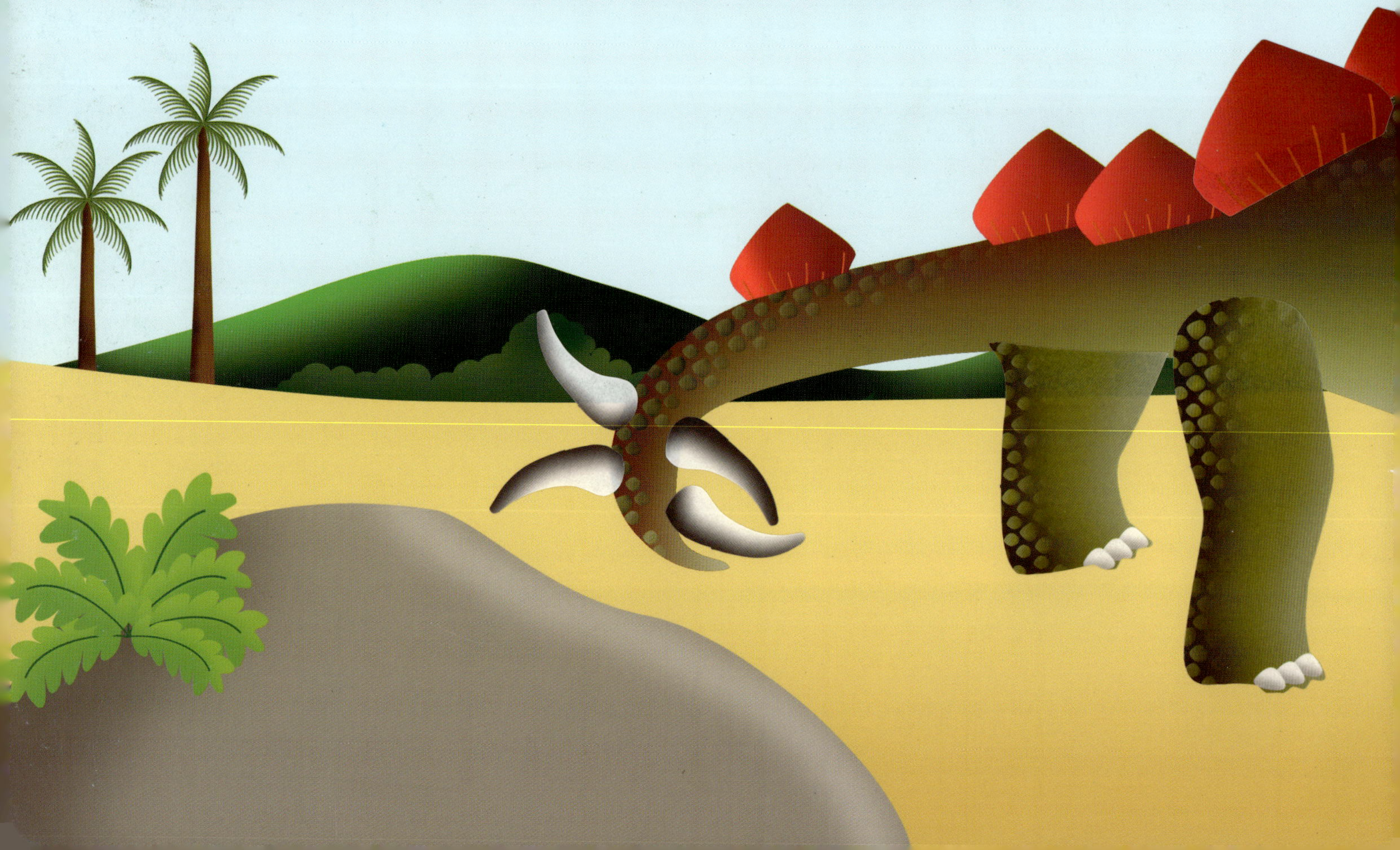

Le styracosaure

Sa tête était protégée par une grande collerette ornée de 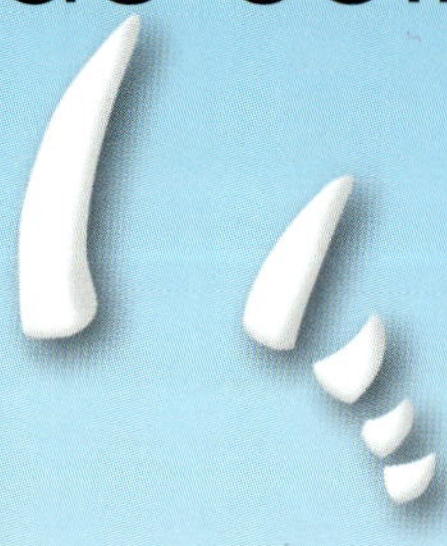 piquants.

Avec ses quatre 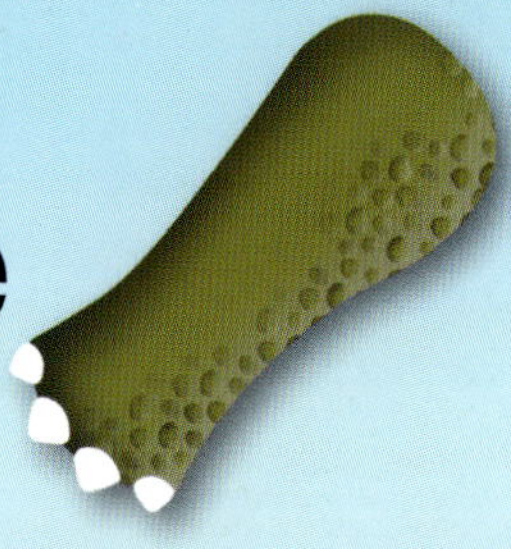 grosses pattes très robustes, il fonçait tête baissée et cornes en avant pour se défendre.

Le ptéranodon

Ce n’était pas un oiseau, et pourtant il volait grâce à ses grandes  ailes. Son long 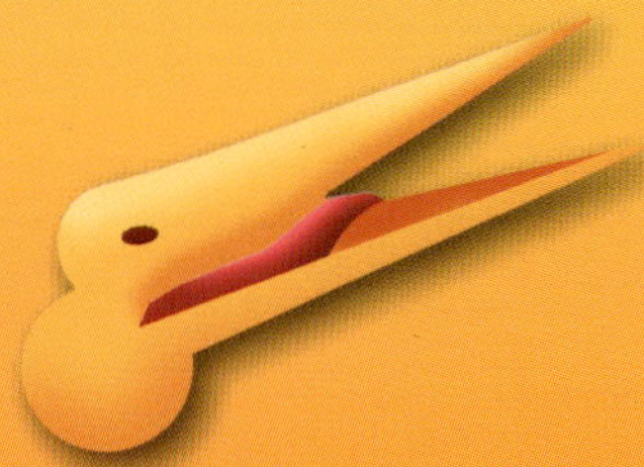 bec n’avait pas de dents, mais il pouvait capturer de nombreux poissons.

Des idées pour créer

Avec un tyrannosaure

Avec un euoplocéphalus

Avec un brachiosaure